AF369616

31. Janvier 1732.

MANDEMENT

DE MONSEIGNEUR

L'ARCHEVÊQUE
DE PARIS,

QUI condamne trois Ecrits, dont le premier a pour titre: Vie de M. de Paris Diacre. A Bruxelles chez Foppens, à l'enseigne du S. Esprit. 1731. *Le second,* Vie de M. de Paris Diacre du Diocese de Paris. En France. 1731. *Et le troisiéme,* Vie de M. de Paris Diacre. 1731. *Et renouvelle les défenses portées par le Mandement du 15. Juillet dernier.*

HARLES-GASPARD-GUILLAUME DE VINTIMILLE DES COMTES DE MARSEILLE DU LUC, par la Misericorde Divine & par la grace du Saint Siége Apostolique Archevêque de Paris, Duc de Saint Cloud, Pair de France, Commandeur de l'Ordre du S. Esprit, &c.

A

A tous les Fideles de notre Diocefe : SALUT ET BENEDICTION.

Entre une infinité de Libelles, par lefquels des Auteurs anonimes s'efforcent chaque jour de femer l'erreur & la difcorde dans le Champ du Seigneur, il en eft trois, mes très-chers Freres, contre lefquels nous nous croïons particulierement obligés de nous élever.

Ils ont pour titre : *Vie de M. de Paris Diacre*, &c. On a joint au premier une Préface, au fecond des Réflexions, au troifiéme une Priere ; & tous ces Ecrits tendent également, tant par les principes qu'ils contiennent, que par les exemples qu'ils approuvent, à foulever les Oüailles contre leurs Pafteurs, & à infpirer aux Fideles des doctrines perverfes & réprouvées par l'Eglife: Ouvrages de tenebres & d'iniquité, fi vifiblement dictez par l'efprit d'erreur & de fchifme, qu'il fuffira d'en rappeller ici les principaux excès, pour vous en infpirer une jufte horreur.

Les Auteurs de ces Ecrits entreprennent d'anéantir l'autorité du Corps Paftoral ; ils diftinguent l'Eglife que les Fideles doivent écouter comme leur Mere, de la multitude des premiers Pafteurs unis à leur Chef ; ils ne craignent point de fuppofer, contre les promeffes, qu'il peut arriver, que tous, ou prefque tous les Evêques de l'Univers, de concert avec le Pape, combattent la voix de l'Eglife, (*a*) *ou ce qui eft la même chofe*, dit l'un d'eux, *la voix de l'Evangile & de la Tradition* ; ils ofent même avancer, qu'on a vû, au fujet des difputes prefentes, *les Enfans de l'Epoufe de J. C. (!) fes Pafteurs à la tête, faire valoir contre elle fa propre autorité, fon Sacerdoce, fes foudres, fon nom, celui de fon Dieu, pour en éteindre jufqu'au*

(*a*) *Vie de M. Paris, imprimée à Bruxelles, Préface pag. 31. (b) Ibid. pag. 17. Edit. de France. Reflexions pag. 191.*

moindre souffle de vie, en attaquant la grace qui la sauve & l'amour qui l'anime.

Dans une priere qui est à la fin de la troisiéme Vie, l'Auteur se plaint avec amertume, qu'on reclame *en vain pour l'Eglise même l'Assemblée de ses Pasteurs* ; que *l'ennemi a trouvé le secret de les rendre sourds* aux *cris* de ceux, qui prennent la défense des interêts de cette Mere commune (a), *& même de les armer contre eux;* qu'il n'y a *point d'oreilles* (b) *dans les Juges pour entendre*, point *de Tribunal* (c) *à esperer sur la terre;* que *les derniers Disciples de la vérité* (d) sont exposés aux mêmes épreuves que les *premiers, de la part des deux Puißances, ce* qui exige dans ceux-là une *sincere préparation au Martyre, dut-il venir de la part d'une autorité sainte.* (e)

Dans ce prétendu abandon de la cause de Dieu, quelle sera donc la ressource des Fidéles, qui cherchent sincerement la verité? Comment discerneront-ils la voix de l'Epouse sainte de celle des Pasteurs, qui abusent de *son autorité*, de *son Sacerdoce*, de *ses foudres*, de *son nom*, & qui s'arment contre elle en s'armant contre ses plus zelés défenseurs? C'est, si on en croit le premier de ces Auteurs, par l'éclat des miracles du sieur Paris. *Qu'on ne nous objecte plus*, dit-il, *la multitude opposée à la voix de notre saint Taumaturge. Le témoignage de J. C. est pour lui : par consequent le témoignage de son Eglise, & l'autorité qui la met en droit d'exiger qu'on l'écoute, sont aussi pour la cause qu'il a défenduë. Cette multitude*, c'est toûjours l'Historien qui parle, *quelque nombreuse, & sous quelque forme, ou caractere d'autorité qu'on la suppose, elle est à la verité*

Notes marginales :

(a) *Troisiéme Edit. Priere pag.* 45.

(b) *Ibid. pag.* 59.

(c) *Ib. pag.* 60.

(d) *Ibid. pag.* 46.

(e) *Ib. pag.* 78.

Edit. de Brux. Pref. pag. 31. *&* 32.

4

dans l'Eglise, elle est elle-même à l'Eglise par bien des ti- tres ; mais elle n'est, & ne peut être l'Eglise. Elle n'a point avec elle & pour elle les miracles. Dieu combat contre elle, elle lui resiste donc : ainsi qu'elle se desabuse, & qu'elle fasse attention, que les hommes ne sont pas plus forts que Dieu.

Au défaut d'un Concile d'Evêques, dit l'Auteur de la troisiéme Vie du sieur Paris, (a) Dieu suscite l'esprit saint d'un Diacre, & d'un Diacre mort, comme il suscita autrefois l'esprit du jeune Daniel en faveur de Suzanne. La cause de Dieu est aujourd'huy dévoluë à ce Diacre mort, comme autrefois elle le fut au Diacre saint Etienne. M. Paris est-il moins fort & moins redoutable pour tout ce prétendu Concile dispersé, dont on escorte la Bulle, que ne l'étoit S. Etienne à tout ce Conseil de la Sinagogue devant lequel il fut entraîné ? Celui-là mort sous un tas d'anathêmes injustes, comme sous un tas de pierres, ajoûte le même Auteur, (b) est plein de grace pour animer & soûtenir ses freres, & de force pour confondre & dissiper une multitude perfide, armée aveuglément aujourd'huy contre le Seigneur & contre son fils Jesus.

Ainsi ce n'est plus au Siége Apostolique & au Corps Pastoral, mais à ce Diacre, qu'il faut avoir recours, pour recevoir la regle de notre foi & de nos sentimens. Ce n'est plus par le Ministere des Apôtres, ni de leurs successeurs, que la verité est enseignée à toutes les Nations ; c'est au Tombeau du sieur Paris qu'elle se manifeste, & c'est par les relations infidéles de quelques écrivains inconnus, ou de quelques hommes sans autorité & sans caractere, qu'elle est annoncée à toute la terre. Ceux

---

(a) Troisié-
me Edit.
Priere p. 60.

(b) Ibid.
p. 44.

à qui le Sauveur a promis d'être avec eux *jusqu'à la consommation des siecles*, livrés à eux-mêmes & aux égaremens de l'esprit humain, sont devenus les ennemis de la Foy ; & *les promesses*, suivant l'expression de l'Auteur d'une lettre attribuée à un Religieux refugié en Hollande, *sont en quelque sorte renfermées dans le Tombeau* du sieur Paris. *Math. 28. v. 20.*

Etrange système, qui détruit le fondement que JESUS-CHRIST a lui-même posé, pour lui substituer des apuis, dont la prévention & le mensonge font toute la solidité ! Système absurde, qui apprend aux fidéles à préferer à la plus pure lumiere, une fausse lueur, que leur présente un spectacle préparé pour les seduire, ou du moins plus scandaleux qu'édifiant, & beaucoup moins propre à honorer la Religion, qu'à lui attirer le mépris de ses ennemis !

Seroit-il necessaire, mes très-chers Freres, de nous étendre pour refuter ce système, & pour vous faire comprendre, qu'il n'est point permis d'opposer des faits, souvent appuyez sur un témoignage trompeur, à une autorité toûjours infaillible : Que la certitude des décisions de l'Eglise étant fondée sur la promesse immuable de J. C. même, si un Ange du Ciel pouvoit & osoit les combattre, il faudroit lui dire anathême : Que cette promesse ne renfermant aucune restriction, ces décisions font en toute circonstance la regle sûre du sentiment des Fidéles. *Ep. ad Gal. cap. 1. v. 8.*

Pour vous prémunir de plus en plus contre le piége qu'on vous tend, vous dirons-nous, qu'un interêt de parti a souvent porté les Novateurs à publier de faux miracles, pour s'accréditer dans l'efprit des peuples : préjugé fâcheux contre ceux, qui pour la même fin vous vantent de prétenduës guerifons obtenuës au tombeau du fieur Paris : Que d'ailleurs comme il eft des merveilles, que le bras du Tout-puiffant peut feul operer, il eft des preftiges & des fignes trompeurs, qui ne furpaffent point le pouvoir du Demon ; & qu'après que le Fils de Dieu nous a avertis, que de *faux Chrifts* (a) *& de faux Prophetes feront paroître de grands Signes & des Prodiges, capables d'induire en erreur, s'il étoit poffible, les Elûs même*, c'eft s'expofer volontairement aux illufions de Satan , que de préferer la voix des prodiges à celle de l'autorité ?

Ajoûterons-nous enfin, que Dieu n'exauce point une priere infidele, qui tend à obtenir de lui des guerifons miraculeufes, pour autorifer la revolte contre l'Epoufe de Jesus-Christ : Et que *fi*, comme dit S. Auguftin , (b) *il s'opere des chofes furprenantes dans le parti de l'erreur*, le vrai Fidele n'en *doit être que plus fur fes gardes*, & doit demeurer inébranlable dans fon obéïffance.

Si un Prophete, difoit autrefois Moyfe (c) au

(a) *Math. c.* 24. *v.* 24. Surgent enim pfeudochrifti & pfeudoprophetæ , & dabunt figna magna , & prodigia, ita ut in errorem inducantur (fi fieri poteft) etiam Electi.

(b) *S. Aug. De unitate Ecclefiæ, c.* 19. Si hæreticorum aliqua mira facta funt, magis cavere debemus.

(c) *Deuteron. c.*13.*v.*1.2.& 3. Si furrexerit in medio tui prophetes, aut qui fomnium vidiffe fe dicat , & predixerit fignum atque portentum , & evenerit quod locutus eft, & dixerit tibi : Eamus, & fequamur Deos alienos quos ignoras, & ferviamus eis; non audies verba prophetæ illius aut fomniatoris : quia tentat vos Dominus Deus

Peuple de Dieu, *fait une prédiction que l'évenement verifie, & qu'il vous dise en même tems : Allons adorons des Dieux étrangers…. vous ne l'écouterez point…. parce que le Seigneur vous tente, pour éprouver si vous l'aimez de tout votre cœur.* Saint Chryfoftome expliquant ces paroles ajoûte, (a) que quand ce Prophete refufciteroit des morts & feroit d'autres prodiges, il ne feroit pas permis de l'écouter.

Nous ne craignons pas de vous dire, mes très-chers Freres, dans le même fens, & dans le même Efprit, que fi quelqu'un entreprend de vous detourner de la foumiffion, dûë au jugement des premiers Pafteurs unis entre-eux & à leur chef, fît-il les plus furprenans prodiges, vous devez lui refifter avec la même fermeté, que s'il vouloit vous porter à un Culte impie & facrilege. Il eft écrit, (b) *que de defobéir à Dieu dans la* perfonne de ceux qui nous parlent en fon Nom, *c'eft comme le peché de confulter les Devins ; & que de refufer de fe foûmettre à lui, c'eft comme le crime d'adorer les idoles.*

Pour empêcher, ou détruire l'impreffion, que fait fur un cœur catholique le poids de l'autorité de l'Eglife, on entreprend de vous perfua-

vefter, ut palam fiat, utrum diligatis eum an non, in toto corde & in tota anima veftra.

(a) *S. Joan. Chrifoft, Homil.* I. *adverfus Judæos, t.* I. *pag.* 598. *Edit. Bened.* Quorum verborum hæc fententia eft : Si propheta quifpiam, inquit, furrexerit & fi-

gnum ediderit, vel mortuum excitarit, vel leprofum mundaverit, vel debilem fanarit ; fignoque edito ad impietatem te invitaverit, ne propter figni eventum obedias.

(b) *I. Reg. c.* 15. *v.* 23. Quoniam quafi peccatum ariolandi eft, repugnare : Et quafi fcelus idololatriæ, nolle acquiefcere.

der, qu'il a été prédit par les Prophetes, qu'il vien-
droit des tems, où les nations Chrêtiennes aban-
donneroient la vraye foi, & tomberoient dans l'a-
poftafie ; & que ces tems font déja arrivez. *Les*
Troifiéme
Edit. Priere
p. 62. & 63. *Miracles*, dit le dernier des Hiftoriens du Sʳ. Paris,
font comme le don de parler diverfes langues, non pour les
Fidéles, mais pour les Infidéles .... Vous qui êtes fidéles ....
tremblez au milieu de votre joye, puifque tant de Mira-
cles vous avertiffent, qu'il n'y a prefque plus de foi fur la
terre ; que les nations font entrées dans l'Eglife fous le nom
de Fidéles, & qu'elles l'ont abandonnée ; que J E S U S -
C H R I S T *a befoin, afin de fecourir fon Eglife, comme il*
l'a promis, de venir en quelque forte lui-même combattre
pour elle, avec les mêmes armes qu'il a employées pour
l'établir, malgré tous les efforts de l'Enfer. Nous avons trop
Ibid. pag.
70. *de marques* (ajoûte-t'il ailleurs) *au moins pour conjecturer,*
que la multitude des Nations, qui devoit entrer en corps
dans l'Eglife, à la faveur de l'aveuglement d'une partie des
Juifs, eft toute entrée ; .... que les tems de ces mêmes na-
tions jufqu'ici favorifées, font accomplis pour Dieu, c'eft-
à-dire les tems, comme parle Ifaïe, de les punir avec
éclat à leur tour, de les couper, de les retrancher de l'O-
livier franc, puifqu'elles lui font auffi la guerre, & qu'au-
tant qu'il eft en elles, elles ont établi, jufques dans le Sanc-
tuaire, le Judaïfme même avec leur ancienne gentilité
par le moyen de la Bulle Unigenitus.

C'eft-à dire, M. T. C. F. que l'Eglife Chrêtien-
ne feduite par fes propres Pafteurs, a abandonné
la vraye foi ; qu'à l'imitation de la Synagogue qui
s'eft renduë coupable d'un Deicide, elle perfécute
le Sauveur & fes Difciples ; & qu'elle joint même
aux

aux erreurs & au faux zele des Pontifes de la Loi, une profeſſion publique du Paganiſme.

Qui pourroit entendre ſans indignation & ſans horreur de tels blaſphemes ? Quoi la colomne de la verité auroit été renverſée ? L'Egliſe que le Fils de Dieu a purifiée dans ſon Sang, pour la rendre ſainte & ſans tache, ſe ſeroit ſouillée des erreurs impies du Juif, & du Gentil ? L'Epouſe de JESUS-CHRIST lui ſeroit devenuë infidéle, elle auroit merité qu'il rompît l'alliance qu'il a faite avec elle, & qu'il la dépouillât de tous les avantages dont il l'avoit favoriſée ? Non, mes très-chers Freres, cette ſainte Epouſe ne ſera point traitée comme l'Eſclave ; & c'eſt pour lui marquer une préference ſur la Sinagogue, que Dieu lui dit dans le Prophete Oſée : (a) *Je vous rendrai mon Epouſe pour jamais.... par une alliance de juſtice & de jugement, de compaſſion & de miſericorde.... par une inviolable fidélité : & vous ſçaurez que c'eſt moi qui ſuis le Seigneur.*

Les principaux traits, que raſſemblent les Hiſtoriens de la Vie du ſieur Paris, dans la vûë de faire connoître le zele & l'attachement de ce Diacre pour la verité, ne peuvent qu'exciter l'indignation de tous les vrais enfans de l'Egliſe.

Non ſeulement ces Ecrivains lui font un merite, d'avoir été tellement attaché à la doctrine de Janſenius, qu'il *donnoit* * *à ſon livre le premier rang après les livres de Saint Auguſtin* ; d'avoir décrié la Loy

* Edit. de Brux. p. 151.

(a) Oſée. 2. v. 19. & 20. Sponſabo te mihi in ſempiternum ; & ſponſabo te mihi in juſtitia, & judicio, & in miſericordia, & in miſerationibus ; & ſponſabo te mihi in fide, & ſcies quia ego Dominus.

du Formulaire, comme *une cause de troubles* (a) *& une occasion de persécuter ce qu'il y a de gens le plus attachés à la verité.* Ils regardent encore comme l'effet d'un saint zele, les plus monstrueux excès contre la Constitution *Unigenitus.* Ils loüent le sieur Paris de l'avoir dénoncée (b) par des actes réiterez au futur Concile general; de s'être uni à tous ceux (c) qui se déclaroient sans ménagement contre cette Bulle; de l'avoir regardée comme un Decret (d) qui avoit allumé la colere de Dieu, qui autorisoit (e) *des erreurs, des relâchemens & des scandales,* & auquel on ne pouvoit souscrire, sans renoncer à la foy. (f)

Quelles idées ce Diacre, si on s'en raporte au témoignage de ses Historiens, avoit-il conçûës sur l'état présent de la Religion? Prévenu en faveur des visions, dont nous avons parlé ci-dessus, il étoit pleinement persuadé, qu'il falloit (g) qu'Elie parût, pour detourner l'anatheme prêt à tomber sur toutes les Nations Chrétiennes. *Il croyoit voir dans toute l'œuvre de la Constitution* (h)*, l'apostasie prédite par Saint Paul, & plus anciennement prédite & figurée dans les anciens Livres.* Toute sa consolation étoit dans l'attente d'un *renouvellement du monde entier,* auquel préparoit, selon lui, *un mal si extrême.* L'Eglise flêtrie à ses yeux & déchuë de ses glorieuses prérogatives, étoit suivant les expressions qu'on lui prête, dans (i) *un état horrible:* Elle *lui paroissoit* (k) *telle, que cette Sion autrefois remplie, riche, maîtresse des Nations, dans la gloire & dans l'eclat, & depuis deserte, appauvrie, foulée aux pieds de tous les passans; & enfin asservie à la tyrannie de Babilonne.* Affreux langage, mes très-chers

Freres, qui vous rappelle fans doute celui des plus furieux Sectaires des tems de Luther & de Calvin.

Autant que la face de l'Eglife Catholique fembloit difforme au fieur Paris, autant l'Eglife fchifmatique d'Utrech, fi on en croit les deux premiers Auteurs de fa Vie, lui paroiffoit éclatante de gloire & de beauté: c'eft ce qui la lui faifoit tendrement cherir. *Tous ceux qui fouffroient au fujet du fameux Formulaire & de la Bulle Unigenitus, lui étoient infiniment chers, & il ne faifoit aucune difficulté, de leur donner le nom de Confeffeurs de* JESUS-CHRIST : Mais ceux qui s'étoient retirés auprès de l'Archevêque d'Utrech, l'emportoient dans fon cœur fur tous les autres. *L'Eglife de Hollande entre toutes les autres*, difent ces Auteurs, *l'occupoit beaucoup, & il avoit une affection très-intime pour les illuftres témoins, qui s'y font refugiez. On fçait*, ajoûtent-ils *; qu'il avoit fait le projet de partir à pied de Paris, pour aller vifiter cette Eglife, devenuë l'azile d'un grand nombre de Serviteurs de* JESUS-CHRIST.

Telle étoit, mes très-chers Freres, fon eftime & fa tendreffe pour ces Moines fugitifs, qui ont quitté leur folitude & le faint habit de la Religion, pour aller chercher parmi les Proteftans, une protection, qu'ils ne pouvoient attendre dans aucun Etat Catholique.

C'eft à ces Ecrivains à garantir les faits qu'ils avancent. Mais quels qu'ayent été les fentimens du fieur Paris, notre zele peut-il demeurer oifif à la vûë de ces Ecrits, où l'on a la témerité de fonder fon éloge fur une réfiftance opiniâtre à des décifions du S. Siége, acceptées par

E ij

le Corps Epiſcopal? Le piege qu'on vous tend, mes très-chers Freres, en vous propoſant cette réſiſtance comme un modele, eſt d'autant plus dangereux, que tels qui ne ſe ſentiront pas portés à ſuivre celui dont ils liront la Vie, dans les auſterités & les penitences qu'on lui attribuë, l'imiteront volontiers dans ce qui flatte leur orgüeil, & ne coûte rien à l'amour propre.

Vous comprenez ſans peine, par quel motif on vous a repreſenté, comme un ennemi declaré des déciſions publiées contre les erreurs de Janſenius & de Queſ-nel, un homme dont on aſſure que Dieu a manifeſté la glòire & la ſainteté par des prodiges : ce moyen a paru propre à accrediter l'indocilité & la revolte. Mais par quel aveuglement approuve-t'on ce que l'on ra-conte du ſieur Paris, que pendant un tems con-ſiderable (a) il n'alloit à l'Egliſe, & n'aſſiſtoit au ſaint Sacrifice, que les jours de Dimanches & de Fêtes ; qu'après (b) *avoir paſſé près de deux ans loin des Au-tels , privé des Sacremens, ſon inclination, s'il lui avoit été poſſible de la ſuivre, auroit pouſſé peut-être* cette privation *juſqu'à la mort* : que dans tout ce tems *ceux qui le conduiſoient, n'avoient pû le for-cer à communier* ; & qu'il ne ſe ſoumit enfin à l'or-dre de ſon Confeſſeur, qui lui ordonnoit de le faire tous les quinze jours, que quand celui-ci lui déclara (c) qu'il *falloit obéir, ou ſe choiſir un autre guide.* Quel ſcandale de loüer un Diacre, dont on nous donne la vie, comme celle *d'un parfait Eccléſiaſtique* , de s'être éloigné pendant un ſi long-tems de la ſainte Table, & d'avoir tranſgreſſé juſqu'à deux fois, un pre-cepte qui oblige même les laïques ſous les plus terri-bles peines? Quelle ſource d'abus & de prétextes, pour

(a) *Edit. de Bruxelles* pag. 71. *Edition de France, pag.* 55.

(b) *Edition de Bruxelles* pag. 63. *Edition de France, pag.* 80.

(c) *Edit. de Brux. p.* 80. *Edit. de France, pag.* 111.

abolir la fréquentation des Sacremens, que de prétendre, que l'amour de l'humiliation & l'esprit de penitence ayent pû justifier cette disposition & cette conduite?

Disons-le, mes très-chers Freres, puisque l'interêt de la vérité ne nous permet plus de le taire; si les differens traits qu'on a réünis, pour peindre les mœurs & le caractere du sieur Paris, forment de lui un portrait fidéle: si toûjours esclave de ses préventions ou guidé par de pernicieux Conseils, loin d'avoir pour l'Eglise cette humble docilité qui distingue & caracterise ses vrais enfans, il a constamment combattu contre elle pendant sa vie; en faudroit-il davantage pour reprouver le culte qu'on a entrepris de lui rendre après sa mort.

Mais indépendamment de ce motif, & de la vérité des faits rapportés dans sa Vie, comment plusieurs d'entre-vous se font-ils persuadés, qu'ils pouvoient persister, malgré nos défenses, à rendre à ce Diacre des honneurs religieux, dont plusieurs font absolument prohibés par les Loix de l'Eglise, & qui tous peuvent du moins être légitimément interdits par l'Ordinaire?

L'exemple rapporté par Sulpice Severe dans la vie de S. Martin, ceux que nous avons cités dans notre Ordonnance du 15. Juillet dernier, démontrent que les Evêques font en droit d'interdire, quand ils le jugent à propos, un nouveau culte, que nulle autorité legitime n'a approuvé. Ajoûtons à ces exemples deux faits, qui ont beaucoup de rapport à ce qui se passe sous nos yeux, & où nous voyons une image du spectacle indécent qui sert, dit-on, de préparatif

Vita S. Martini c. 8.

aux prétenduës guerifons dont on nourrit la credulité du public.

Dans le neuviéme fiécle le peuple d'Ufez accourant en foule à l'Eglife de faint Firmin , parce qu'on y voyoit des malades (*a*) tomber par terre *dans un état femblable à celui des Epileptiques , & de ceux que l'on croit poffedés du Démon* ; faint Agobard Archevêque de Lyon confeilla à Barthelemi Evêque de Narbonne, de défendre ce concours , & d'ordonner que les offrandes que l'on portoit à cette Eglife, fuffent employées au profit des pauvres : *ce qui fit ceffer l'illufion & rendit le calme au peuple fidele.* (*b*)

Amolon fucceffeur de faint Agobard donna le même confeil à Theubalde Evêque de Langres, au fujet d'un pareil concours, qui fe faifoit à l'Eglife de faint Benigne de Dijon, où des Reliques incertaines avoient été dépofées, & où beaucoup de perfonnes tomboient tout à coup & paroiffoient agitées de mouvemens extraordinaires. Perfuadé que tout ce qui arrivoit à cette occafion, n'étoit que l'effet de la *tromperie des hommes ou de l'artifice des demons* , il

---

(*a*) *Epift. S. Agobardi ad Barthol. Ed. Baluz. t.* 1. In quodam loco cæperunt fieri quædam percuffiones, ita ut caderent quidam modo Epilepticorum , vel eorum quos vulgus dæmoniacos putat vel nominat.

(*b*) *Epift. Amalonis ad Theodboldum , t.* 2. *Operum S. Agobardi.* Prædicavit eis atque præcipit Narbonenfis, qui nunc fupereft Bartholomæus Epifcopus, ut omnino locum illum , quem fuperf-

titiofè frequentare cæperant, nequaquam amplius ita frequentarent, & quæcumque illuc conferre confueverant , magis in ufus indigentium & mifericordiæ opera erogarent : Quod cum factum fuiffet..... tota illa deceptio ceffavit, & populus fidelis optata incolumitate ac tranquillitate refpiravit.

Ibid. Quis hæc non videat, vel fallaciis hominum.... vel deceptionibus.. Dæmonum concinnata?

écrivit à cet Evêque : *Je suis d'avis (a) que vous vous armiés du zele &) de la séverité sacerdotale....& que vous bannissiés de l'Eglise cette illusion & cette invention diabolique...en exhortant & conjurant les peuples....de demeurer dans les Paroisses où ils reçoivent le saint Bâtéme, le Corps & le Sang du Seigneur, assistent au saint Sacrifice...... & entendent la parole de Dieu......C'est-là où ils doivent porter leurs vœux & leurs offrandes, faire leurs prieres à Dieu, & chercher les suffrages des Saints..... Car telle est la dévotion légitime ; telle est l'ancienne coûtume des Fidéles conforme à l'institution des Apôtres.... Quelle absurdité, ajoûtoit ce Prélat, de manquer aux dévotions autorisées & ordonnées, pour courir à celles qu'on ne commande point, & qu'au contraire on défend !*

Dans cette occasion & dans d'autres semblables, vit-on jamais le peuple fidéle se persuader, qu'il pouvoit sans scrupule, violer les défenses de l'Evêque? Vit on des Pasteurs inferieurs assés témeraires, pour autoriser ce que le Prélat défendoit, & pour lui soû-

---

(a) *Ibid.* Omnino videtur nobis..,. ut arripiatis pium studium & sacerdotalem sinceritatem ac severitatem; & ne domus Domini quam oportet esse domum orationis, fiat domus negotiationis & spelunca latronum, eliminetis ex ea istiusmodi commentum & figmentum diabolicum....... annuntiando omnibus fideliter, atque obtestando, ut ...unaquæque plebs in parræchiis & Ecclesiis, quibus attributa est, quieta consistat, ubi sacrum Baptisma accipit, ubi Corpus & Sanguinem Domini percipit, ubi Missarum solemnia audire consuevit.... ubi verbum Dei assidue audit ....illuc, inquam vota, oblationes suas alacriter perferat, ibi supplicationes, & orationes suas Domino effundat, ibi suffragia omnium Sanctorum quærat , &c.... Hæc est enim legitima & Ecclesiastica Religionis forma , hæc antiqua fidelium consuetudo, per quam...... apostolicæ institutionis semita custoditur..... Nunc vero quanta absurditas est, hæc tam legitima & tam assidue annuntiata & jussa..... omitti ..... & ad illa esse promptissimos, quæ nullo prædicante ac docente , imo etiam obsistente tantum animi supervacuitate sequuntur.

tenir à lui-même, qu'il n'étoit pas en droit de le défendre ? Non, mes très-chers Freres, ce scandale
étoit reservé au malheureux tems où nous vivons.

A Dieu ne plaise que vous vous laissiés entraî-
ner par un si pernicieux exemple, & que vous sui-
viés les dangereuses impressions, que des guides
aveugles s'efforcent de vous donner, au préjudice
de la docilité que vous nous devés. Si, selon
l'oracle de l'Ecriture, *l'obéissance vaut mieux que
toutes les victimes*, quelle illusion plus grossiere, que
de lui préferer un culte, que nulle Loy divine ou
humaine ne vous a prescrit, & qu'une autorité légitime, sans exceder les bornes de son pouvoir, vous a
séverement défendu? Reconnoît-on dans cette conduite la pratique des regles & des maximes que J. C.
nous a laissées dans son Evangile ? Non, M. T. C. F. *ce
n'est pas ce que vous avez appris* dans l'Ecole de ce divin
Maître ; rien de plus opposé à son esprit & à ce que
les Saints ont pratiqué & enseigné.

En vain ose-t'on vous dire, que le Seigneur, en
exauçant les vœux qu'on lui adresse au tombeau
de son serviteur, confond nos Ordonnances, &
justifie l'indocilité de ces Oüailles, qui n'écoutent
plus la voix de leur Pasteur : ce langage est ma-
nifestement suggeré par le pere du mensonge. Notre Dieu *n'est point un Dieu de dissension, mais de paix* ;
il ne peut operer des prodiges, pour mettre
la confusion & le desordre dans sa propre maison ;
il ne sçauroit autoriser la révolte des enfans contre
leur pere, ni détruire la dépendance, qu'il a lui-
même établie entre le Chef & les membres d'une
même Eglise.

D'ailleurs

L. 1. Reg. cap. 15. v. 22. Melior est enim obedientia quàm victi-mæ.

Epist. ad Ephes. cap. 4. v. 20. Non ita di-diciltis Chri-stum.

Epist. ad Chor. 1. cap. 14. v. 33. Non enim est dissen-tionis Deus sed pacis.

D'ailleurs, les fourberies, les menſonges dont on a convaincu pluſieurs de ceux, qui ſe diſoient miraculeuſement gueris; les indignes ſtratagêmes auſquels on a eu recours, pour abuſer les peuples & pour entretenir une devotion de parti, ſont des motifs plus que ſuffiſans pour n'ajoûter aucune foi à tout ce que publient les promoteurs & les par‑tiſans du nouveau culte.

Ne vous laiſſez donc pas ſurprendre, mes très‑chers Freres, par tous leurs faux diſcours; & lorſ‑qu'ils ont l'audace d'aſſurer, que nos défenſes ten‑dent à arrêter le cours des merveilles de Dieu, & à priver l'Egliſe de l'avantage qu'elle en retire con‑tre les ennemis de la Foy, confondez‑les en leur diſant, que l'Egliſe a beſoin d'exemples pour édi‑fier ſes enfans, & pour maintenir la ſubordination entre ſes Paſteurs & leurs Oüailles; & qu'elle n'a pas beſoin aujourd'hui de miracles, pour con‑vaincre les incrédules, & pour confirmer ſa Do‑ctrine.

Gemiſſez en même‑tems ſur l'aveugle ob‑ſtination de ces perſonnes, qui croyent honorer Dieu par leur deſobéïſſance. Dans la juſte crainte, qu'en punition de leur indocilité, elles n'éprouvent le même châtiment que ceux, dont il eſt dit dans S. Paul, que Dieu les livrera aux preſtiges de l'erreur, *enſorte qu'ils croiront au menſonge*, prions le Seigneur de leur faire connoître le peril, auquel elles s'expoſent, en abandonnant le Paſteur pour ſuivre l'Etranger, & en quittant la voye ſûre de l'obéïſſance, pour s'en‑

C

gager dans des routes pleines de précipices.

A CES CAUSES, vû les trois Ecrits, dont le premier a pour titre, *Vie de Monsieur de Paris Diacre. A Bruxelles, chez Foppens, à l'enseigne du S. Esprit. 1731.* le second, *Vie de M. de Paris Diacre du Diocèse de Paris. En France. 1731.* le troisiéme *Vie de M. Paris Diacre. 1731*; après en avoir conferé avec plusieurs Théologiens, le saint Nom de Dieu invoqué, tout consideré : Nous condamnons lesdits Ecrits, comme contenant des propositions respectivement fausses, scandaleuses, injurieuses à l'autorité du S. Siége & de l'Eglise, témeraires, impies, favorisant les Hérétiques, erronées, Schismatiques & Hérétiques. Défendons de lire lesdits Ecrits, ou de les garder, sous peine d'excommunication. Ordonnons d'en rapporter incessamment les Exemplaires au Greffe de notre Secretariat. Et en renouvellant les défenses portées par notre Mandement du 15. Juillet dernier, nous declarons illegitime & illicite, le Culte rendu au Sieur Paris, au préjudice des Loix generales de l'Eglise, ou desdites défenses. Et sera notre present Mandement enregistré au Greffe de notre Officialité, lû, publié & affiché par tout où besoin sera. DONNE' à Paris en notre Palais Archiépiscopal le trentiéme Janvier mil sept cent trente-deux.

✠ CHARLES, Archevêque de Paris.

Par Monseigneur,

MARTIN.

PRIVILEGE DU ROY.

LOUIS par la grace de Dieu Roy de France & de Navarre : A nos amez & feaux Conseillers les Gens tenans nos Cours de Parlement, Maîtres des Requêtes ordinaires de notre Hôtel, Grand Conseil, Prevôt de Paris, Baillifs, Sénéchaux, leurs Lieutenans Civils, & autres nos Justiciers qu'il appartiendra, SALUT. Notre très-cher & bien-amé Cousin CHARLES-GASPARD-GUILLAUME DE VINTIMILLE DES COMTES DE MARSEILLE DU LUC, Archevêque de Paris, Duc de S. Cloud, Pair de France, Commandeur de l'Ordre du Saint-Esprit, Nous a fait exposer qu'il auroit besoin de nos Lettres de Privilege pour l'impression des Usages de son Diocése ; & d'autant qu'il lui est important que lesdits Usages ci-dessous expliquez ne puissent être imprimez par autres Libraires ou Imprimeurs, que par celui qu'il choisira, il Nous a supplié de lui accorder nos Lettres sur ce nécessaires. A CES CAUSES, voulant favorablement traiter notredit Cousin, & seconder ses pieuses intentions, Nous lui avons permis & permettons par ces presentes, de faire imprimer par tel Imprimeur ou Libraire qu'il voudra choisir, tous *les Breviaires, Diurnaux, Messels, Rituels, Antiphoniers, Manuels, Graduels, Processionaux, Epistoliers, Pseautiers, demi-Pseautiers, Directoires, Heures, Catechismes, Ordonnances, Mandemens, Statuts Synodaux, Lettres Pastorales & Instructions à l'usage de sondit Diocese*, en tels volumes, forme, marge, caractere, conjointement ou séparément, & autant de fois que bon lui semblera, & de les faire vendre & débiter par tout notre Royaume pendant le tems de douze années consécutives, à compter du jour de la date desdites presentes, sans toutefois qu'à l'occasion des Livres ci-dessus specifiez, il puisse en être imprimez d'autres, qui ne soient pas de notredit Cousin. Faisons défenses à toutes sortes de personnes, de quelque qualité & condition qu'elles soient, d'en introduire d'impression étrangere dans aucun lieu de notre obéïssance ; comme aussi à tous Libraires, Imprimeurs & autres, que celui que notredit Cousin aura choisi, d'imprimer ou faire imprimer, vendre, faire vendre, débiter ni contrefaire lesdits livres ci-dessus specifiez, en tout ni en partie, ni d'en faire aucuns extraits sous quelque prétexte que ce soit, d'augmentation, correction, changement de titres, même de traduction en langue latine, étrangere ou autrement, sans la permission expresse, & par écrit de notredit Cousin, ou de ceux qui auront droit de lui, à peine de confiscation des Exemplaires contrefaits, de six mille livres d'amende contre chacun des contrevenans, dont un tiers à Nous, un tiers à l'Hôtel-Dieu de Paris, l'autre tiers à notredit Cousin, ou à celui qui aura droit de lui & de tous dépens, dommages & interêts ; à la charge que ces présentes seront enregistrées tout au long sur le registre de la Communauté des Libraires & Imprimeurs de Paris, dans trois mois de la date d'icelles ; que l'impression de ces Livres sera faite dans notre Royaume, & non ailleurs, en bon papier, beaux caracteres, conformément aux Reglemens de la Librairie, & qu'avant que de les exposer en vente, les Manuscrits ou Imprimés qui auront servi de copie à l'impression desdits Livres, seront remis ès mains de notre très-cher & feal Chevalier, Garde des Sceaux de France, le sieur Chauvelin ; & qu'il en sera ensuite remis deux exemplaires de chacun dans notre Bibliotheque publique, un dans celle de notre Château du Louvre, & un dans celle de notredit très-cher & feal Chevalier Garde des Sceaux de France, le sieur Chauvelin ; le tout à peine de nullité des presentes : du contenu desquelles vous man-

dons & enjoignons de faire joüir notredit Coufin, ou ceux qui auront droit de lui, &
fes ayans caufe, pleinement & paifiblement, fans fouffrir qu'il leur foit fait aucun
trouble ou empêchement. Voulons que la copie defdites prefentes, qui fera imprimée
tout au long, au commencement, ou à la fin defdits Livres, foit tenu pour duëment fi-
gnifiée, & qu'aux copies collationnées par l'un de nos amez & feaux Confeillers &
Secretaires, foi foit ajoûtée comme à l'Original. Commandons au premier notre Huif-
fier ou Sergent, de faire pour l'execution d'icelles tous Actes requis & néceffaires, fans
demander autre permiffion, & nonobftant clameur de Haro, Charte Normande, &
Lettres à ce contraires : CAR tel eft notre plaifir. DONNE' à Verfailles le quatorziéme
jour du mois d'Octobre, l'an de grace mil fept cent vingt-neuf, & de notre Regne le
quinziéme. Par le Roy en fon Confeil. Signé, SAINSON.

*Regiftré fur le Regiftre VII. de la Chambre Royale & Syndicale de la Librairie & Impri-
merie de Paris, N°. 464. folio 406. conformément au Reglement de 1723. qui fait défenfes
Art. IV. à toutes perfonnes de quelques qualitez qu'elles foient, autres que les Libraires &
Imprimeurs, de vendre, débiter, & faire afficher aucuns Livres, pour les vendre en leurs
noms, foit qu'ils s'en difent les Auteurs ou autrement; & à la charge de fournir les Exemplaires prefcrits par l'Art. CVIII. du même Reglement. A Paris, le 21. Octobre 1729.*
Signé, P. A. LE MERCIER, Syndic.

CHARLES-GASPARD-GUILLAUME DE VINTIMILLE DES COMTES DE
MARSEILLE DU LUC, par la Mifericorde divine & par la Grace du faint
Siege Apoftolique, Archevêque de Paris, Duc de faint Cloud, Pair de France,
Commandeur de l'Ordre du faint Efprit, &c. Nous avons cedé & tranfporté, ce-
dons & tranfportons par ces prefentes à PIERRE SIMON notre Imprimeur & Libraire, le droit de privilege qui nous appartient en conféquence des Lettres paten-
tes de Sa Majefté à nous accordées le quatorze d'Octobre mil fept cent vingt neuf,
pour en joüir par ledit Simon & fes ayans caufe, comme de chofes à lui appar-
tenantes, & pour en vertu dudit privilege imprimer, vendre & diftribuer tous les
Livres fervans pour le Service divin à l'ufage de notre Diocéfe, tant pour les Ec-
cléfiaftiques que pour les Laïques, Livres de Prieres, Jubilez, Inftructions pour
gagner le Jubilé, Catechifmes, Indulgences, Ordonnances, Mandemens, Brefs,
Decrets, Monitoires & autres Actes & Ouvrages pour le bien & utilité de notredit
Diocéfe, & qui paroîtront fous notre nom, tout ainfi & en la maniere qu'il eft
plus au long porté audit Privilege, dont nous lui avons fait remettre copie colla-
tionnée. DONNE' à Paris le vingt-cinquiéme de Janvier mil fept cent trente-un.

† CHARLES, Archevêque de Paris.

Par Monfeigneur,
MARTIN.

*Regiftré fur le Regiftre VIII. de la Chambre Royale des Libraires & Imprimeurs de
Paris, page 113. conformément aux Reglemens, & notamment à l'Arrêt du Confeil du 13.
Août 1703. A Paris le 31. Janvier 1731. P. A. LE MERCIER, Syndic.*

A PARIS, chez PIERRE SIMON, Imprimeur de
Monfeigneur l'Archevêque, ruë de la Harpe. 1732.